¡Conocimiento a tope!
a tope!
Artes en acción
Creando colores

T0011646

Robin Johnson
Traducción de Pablo de la Vega

CRABTREE
PUBLISHING COMPANY
WWW.CRABTREEBOOKS.COM

Objetivos específicos de aprendizaje:

Los lectores:

- Identificarán los colores primarios y cómo se mezclan para crear colores secundarios.
- Entenderán que los colores son usados en el arte para mostrar distintos sentimientos.
- Harán conexiones entre dos o más ideas o elementos de información en el texto.

Palabras de uso frecuente (primer grado)	Vocabulario académico
color(es), del, el, ellos, hacer, la, son, usar(n), y	crea, herramientas, primario, rueda de colores, secundario

Estímulos antes, durante y después de la lectura:

Activa los conocimientos previos y haz predicciones:

Pide a los niños que lean el título y miren las imágenes de la portada. Pregúntales:

- ¿De qué creen que tratará el libro?
- ¿Qué saben acerca de crear colores?

Durante la lectura:

Después de leer la página 4, pregúntales:

- ¿Qué notaron de la palabra «crear»? (Está en negritas).
- Ve a la página de palabras nuevas (página 22) y lee en voz alta la definición de «crear».
- Explica a los niños el propósito del glosario y anímalos a usarlo como una herramienta de ayuda para la comprensión.

Después de la lectura:

Crea un cartel didáctico con las palabras «Colores primarios» y «Colores secundarios». Invita a los niños a compartir lo que aprendieron sobre estas palabras. Escribe una definición para niños de cada palabra, para usar en futuras referencias.

Crea un segundo cartel didáctico con una rueda de colores en blanco. Junto a los niños, llena la rueda de colores. Verifica su entendimiento sobre la forma en que se combinan los colores. Escribe una definición para niños de lo que es una rueda de colores.

Author: Robin Johnson

Series development: Reagan Miller

Editor: Janine Deschenes

Proofreader: Melissa Boyce

STEAM notes for educators:
Reagan Miller and Janine Deschenes

Guided reading leveling: Publishing Solutions Group

Cover and interior design: Samara Parent

Photo research: Robin Johnson and Samara Parent

Print coordinator: Katherine Berti

Translation to Spanish: Pablo de la Vega

Edition in Spanish: Base Tres

Photographs:
iStock: Nastasic: p. 13; ROMAOSLO: p. 14 (left)
Shutterstock: Saurav022: p. 5 (bottom)
All other photographs by Shutterstock

Library and Archives Canada Cataloguing in Publication

Title: Creando colores / Robin Johnson ; traducción de Pablo de la Vega.
Other titles: Creating colors. Spanish
Names: Johnson, Robin (Robin R.), author. | Vega, Pablo de la, translator.
Description: Series statement: ¡Conocimiento a tope! Artes en acción |
    Translation of: creating colors. | Includes index. | Text in Spanish.
Identifiers: Canadiana (print) 20200296418 |
    Canadiana (ebook) 20200296426 |
    ISBN 9780778782797 (hardcover) |
    ISBN 9780778783107 (softcover) |
    ISBN 9781427126252 (HTML)
Subjects: LCSH: Color in art—Juvenile literature. |
    LCSH: Colors—Juvenile literature.
Classification: LCC N7432.7 .J6418 2021 | DDC j701/.85—dc23

Library of Congress Cataloging-in-Publication Data

Names: Johnson, Robin (Robin R.), author. | Vega, Pablo de la, translator.
Title: Creando colores / Robin Johnson ; traducción de Pablo de la Vega.
Other titles: Creating colors. Spanish
Description: New York : Crabtree Publishing Company, 2021. |
    Series: ¡Conocimiento a tope! Artes en acción | Title from cover.
Identifiers: LCCN 2020032748 (print) |
    LCCN 2020032749 (ebook) |
    ISBN 9780778782797 (hardcover) |
    ISBN 9780778783107 (paperback) |
    ISBN 9781427126252 (ebook)
Subjects: LCSH: Color--Juvenile literature.
Classification: LCC QC495.5 .J63518 2019 (print) |
    LCC QC495.5 (ebook) | DDC 535.6--dc23

Printed in the U.S.A./102020/CG20200914

Índice

Crabtree Publishing Company

www.crabtreebooks.com   1-800-387-7650

Published in Canada
Crabtree Publishing
616 Welland Ave.
St. Catharines, Ontario
L2M 5V6

Published in the United States
Crabtree Publishing
347 Fifth Ave
Suite 1402-145
New York, NY 10016

Published in the United Kingdom
Crabtree Publishing
Maritime House
Basin Road North, Hove
BN41 1WR

Published in Australia
Crabtree Publishing
Unit 3 – 5 Currumbin Court
Capalaba
QLD 4157

Colores en todos lados

Los artistas son personas a las que les gusta **crear** arte. Usan muchos colores en el arte que hacen. Hacen vasijas azules y canastas moradas. Pintan flores amarillas.

¡El arte le da color al mundo!

Un artista usó amarillo, azul, verde y café para hacer esta pintura de flores.

Esta artista agrega rojo, verde y amarillo a la cesta que está haciendo.

Colores primarios

Hay tres colores **primarios**.
Son rojo, azul y amarillo.
La palabra primario significa primero.

amarillo

azul

rojo

Un artista usó colores primarios para pintar estas muñecas.

¿Puedes encontrar los tres colores primarios en esta pintura?

Los colores del arcoíris

Los artistas usan muchos colores en su arte. Mezclan los colores primarios para crear más colores. Mezclar colores significa unir dos o más colores primarios.

¡Al mezclar los colores se crean todos los colores del arcoíris!

Los artistas usan pinceles u otras **herramientas** para mezclar diferentes colores para pintar.

Colores secundarios

Al mezclar los colores primarios se crean colores **secundarios**. Hay tres colores secundarios. Son verde, morado y naranja.

verde　　morado　　naranja

Un artista usó colores secundarios
para hacer esta pintura.

Mezclando colores

Los artistas crean colores secundarios mezclando rojo, azul y amarillo de distintas maneras.

Mezclar amarillo y rojo crea el color naranja.

Mezclar azul y amarillo crea el color verde.

Mezclar rojo y azul crea el color morado.

Esta artista está mezclando pinturas azul y amarilla para crear verde. Está haciendo una pintura de árboles verdes.

Claro y oscuro

Los artistas pueden hacer colores más claros o más oscuros. Agregar blanco hace que el color sea más claro. Agregar negro hace que el color sea más oscuro.

Blanco + azul marino = azul celeste

Negro + azul celeste = azul marino

Este arte es hecho con
colores claros y oscuros.

Colores fríos

Los colores que tienen azul en ellos son llamados colores fríos. Los colores fríos nos ayudan a sentirnos **calmados**.

Los artistas usaron colores fríos en estos **murales**.

Un artista usó colores fríos para hacer esta pintura. Pensamos en agua fría o césped suave cuando vemos colores fríos.

Colores cálidos

Los colores con rojo y amarillo en ellos son llamados colores cálidos. Los colores cálidos pueden hacernos sentir **entusiasmados**.

Un artista usó colores cálidos para hacer este arte en papel.

Un artista usó colores cálidos para hacer esta pintura.
Pensamos en un cálido rayo del sol o en fuego caliente
cuando vemos colores cálidos.

Ruedas de colores

Una **rueda de colores** muestra los colores en grupos. Los colores cálidos están de un lado. Los colores fríos están en el otro. Muestra qué colores son creados cuando se mezclan los colores primarios.

rueda de colores

Los artistas pueden usar ruedas de colores para ayudarse a mezclar colores.

frío

cálido

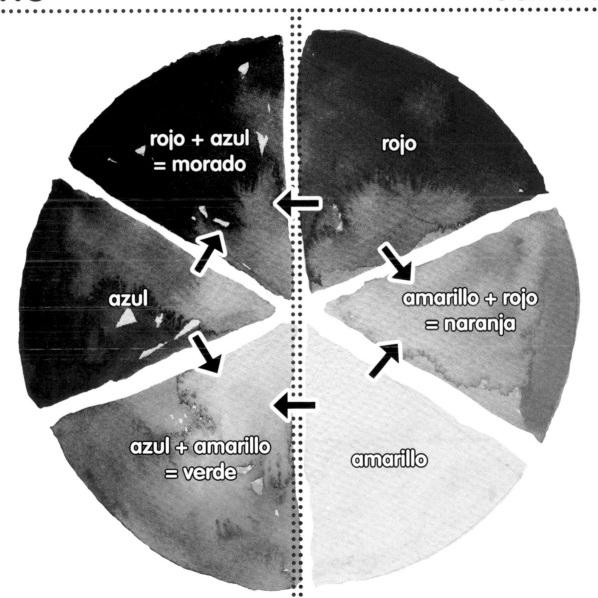

rojo + azul = morado

rojo

azul

amarillo + rojo = naranja

azul + amarillo = verde

amarillo

Palabras nuevas

calmados: adjetivo. Sin entusiasmo.

crear: verbo. Hacer algo.

entusiasmados: adjetivo. Que tienen un sentimiento y ánimo fuertes.

herramientas: sustantivo. Cosas que hacen más fácil el trabajo.

murales: sustantivo. Pinturas enormes hechas en una pared o techo.

primarios: adjetivo. Primeros en tiempo, orden o importancia.

rueda de colores: sustantivo. Una herramienta artística que muestra cómo mezclar los colores primarios para crear colores secundarios.

secundarios: adjetivo. Segundos o después de los primeros en tiempo, orden o importancia.

Un sustantivo es una persona, lugar o cosa.

Un verbo es una palabra que describe una acción que hace alguien o algo.

Un adjetivo es una palabra que te dice cómo es alguien o algo.

Índice analítico

Sobre la autora

Robin Johnson es una autora y editora independiente que ha escrito más de 80 libros para niños. Cuando no está trabajando, construye castillos en el aire junto a su marido, quien es ingeniero, y sus dos creaciones favoritas: sus hijos Jeremy y Drew.

Para explorar y aprender más, ingresa el código de abajo en el sitio de Crabtree Plus.

www.crabtreeplus.com/fullsteamahead

Tu código es: **fsa20**

(página en inglés)

Notas de STEAM para educadores

¡Conocimiento a tope! es una serie de alfabetización que ayuda a los lectores a desarrollar su vocabulario, fluidez y comprensión al tiempo que aprenden ideas importantes sobre las materias de STEAM. *Creando colores* ayuda a los lectores a hacer conexiones al mostrar y describir cómo son creados los colores y usados en distintos tipos de arte. La actividad STEAM de abajo ayuda a los lectores a expandir las ideas del libro para el desarrollo de habilidades artísticas y científicas.

¡Soy un creador de colores!

Los niños lograrán:
- Completar una rueda de colores.
- Mezclar al menos dos colores para crear uno nuevo.
- Describir su color usando vocabulario artístico.

Materiales
- Hoja de trabajo «soy un creador de colores».
- Ejemplo completo de «soy un creador de colores».
- Hoja de trabajo «mi rueda de colores».
- Pintura en colores primarios, secundarios, blanco, negro y otros como dorado o plateado.
- Herramientas para mezclar y aplicar pintura, tales como pinceles, cucharas, palillos, etc.

Guía de estímulos
Después de leer *Creando colores*, pregunta:
- ¿Qué colores son primarios? ¿Cuáles son secundarios? ¿Cuáles son cálidos? ¿Cuáles son fríos?
- ¿Qué sucede cuando mezclamos los colores?

Actividades de estímulo
Refuerza los conocimientos acerca de la mezcla de colores pidiendo a cada niño que complete su hoja de trabajo «mi rueda de colores». Luego, explica a los niños que mezclarán colores para crear uno propio.
- Muestra a los niños el ejemplo completo de «soy un creador de colores» o modela la creación del color para niños «Gatito Naranja».

Entrega a cada niño una copia de la Hoja de trabajo «soy un creador de colores». Explícales lo siguiente:
- Necesitan mezclar al menos dos colores.

- Usen palabras descriptoras para hablar del color. Provee iniciadores de oraciones como «Mi color es _____. Es como _____».
- Tracen un círculo dependiendo de que su color sea cálido o frío.
- Escriban los pasos que siguieron para crear su color ¡para que alguien más también pueda hacerlo!

Asegúrate de que los niños estén escribiendo los pasos correctamente. Luego, pide a los niños que dibujen su color en la hoja de trabajo.

Pega las hojas de trabajo en paredes alrededor del aula. Pide a los niños que vean los colores de sus compañeros. Intercambien ideas acerca de cuáles colores se parecen y cuáles son diferentes, usando las palabras primario, secundario, cálido y frío.

Extensiones
Pide a los niños que pinten una pieza de arte usando su color y otros dos colores cálidos o fríos para crear una pintura que provoque algún sentimiento.

Para ver y descargar la hoja de trabajo, visita **www.crabtreebooks.com/resources/printables** o **www.crabtreeplus.com/fullsteamahead** (páginas en inglés) e ingresa el código **fsa20**.